RÉPUBLIQUE FRANÇAISE

MINISTÈRE DE L'AGRICULTURE.

ARRÊTÉS ET RÈGLEMENTS

CONCERNANT

L'ÉCOLE NATIONALE DES EAUX

ET FORÊTS

PARIS.

IMPRIMERIE NATIONALE

1910

ARRÊTÉS ET RÈGLEMENTS

CONCERNANT

L'ÉCOLE NATIONALE DES EAUX

ET FORÊTS

MINISTÈRE DE L'AGRICULTURE.

ÉCOLE NATIONALE DES EAUX ET FORÊTS.

Arrêté du Ministre de l'Agriculture, sur l'organisation de l'École.

Arrêté du Conseiller d'État, Directeur général des Eaux et Forêts.

Règlement concernant la comptabilité de l'École.

Arrêtés ministériels relatifs à l'admission d'élèves externes et élèves étrangers comme internes.

Extraits de l'Instruction du Ministre de la guerre en date du 10 mai 1909 sur l'organisation et le fonctionnement de l'enseignement militaire dans les écoles civiles visées à l'article 23 de la loi du 21 mars 1905.

ARRÊTÉ

CONCERNANT

L'ORGANISATION DE L'ÉCOLE NATIONALE DES EAUX ET FORÊTS.

Le Ministre de l'Agriculture,

Sur la proposition du Conseiller d'État, Directeur général des Eaux et Forêts,

ARRÊTE:

PERSONNEL DE L'ÉCOLE.

Personnel d'administration et de surveillance.

ARTICLE PREMIER.

Le personnel d'administration et de surveillance de l'École nationale des Eaux et Forêts comprend: un directeur, un sous-directeur, un inspecteur des études, un instructeur militaire désigné par le Ministre de la Guerre, un agent comptable, trois adjudants. Un médecin agréé par le Directeur général des Eaux et Forêts est chargé du service de santé.

2.

ART. 2.

L'autorité du directeur s'étend sur toutes les parties du service et sur tout le personnel administratif et enseignant. L'administration de l'École, la direction de la police et de l'enseignement, la présidence du Conseil d'instruction lui appartiennent spécialement.

Le directeur correspond seul avec le Directeur général de l'administration des eaux et forêts et les autorités, ainsi qu'avec les parents des élèves. Il prend les mesures qui, dans les cas non prévus par les règlements, lui paraissent nécessaires pour maintenir l'ordre et la discipline et pour assurer le succès des études.

Le directeur surveille l'enseignement, assiste, lorsqu'il le juge convenable, aux leçons et exercices, et règle la marche des examens ou interrogations de cabinet. Il examine les méthodes d'enseignement et propose à la Direction générale des Eaux et Forêts, après les avoir fait discuter en Conseil d'instruction, les modifications qu'il juge propres à perfectionner ou à hâter l'instruction des élèves.

A cet effet, il porte son attention particulière sur les travaux des élèves, examine ou fait examiner leurs rédactions ; les interroge lui-même ou les fait interroger en sa présence sur certaines parties des cours qu'ils ont suivis et surveille la tenue de leurs cahiers.

Pendant les travaux qui s'exécutent hors de l'École, le directeur visite, dans les localités qui leur ont été assignées, les professeurs et les élèves qui font, sous leurs ordres, des tournées forestières ou des travaux d'application ; il leur donne les conseils dont ils peuvent avoir besoin pour mettre dans leur travail la précision et la méthode qu'il comporte, et il s'assure que les instructions reçues par les professeurs sont complètement exécutées.

Chaque année, il fournit un rapport général rendant compte des **résultats** de l'année scolaire, de la situation des études et de tous les faits relatifs à la gestion de l'École et aux progrès de l'enseignement.

ART. 3.

Le sous-directeur surveille toutes les parties du service et rend compte au directeur des faits qui peuvent intéresser l'instruction, l'ordre et la discipline.

Il est secrétaire du Conseil d'instruction.

En cas d'absence ou de maladie du directeur, il le remplace dans toutes ses attributions et désigne, parmi les professeurs ou chargés de cours, le secrétaire du Conseil d'instruction.

ART. 4.

L'inspecteur des études et l'instructeur militaire sont spécialement chargés d'assurer l'exécution des règlements de police et de discipline à l'intérieur de l'École, ils en rendent un compte journalier au directeur. Ils ont sous leurs ordres immédiats les adjudants, le portier-consigne, les garçons de salle et les domestiques.

ART. 5.

L'instructeur militaire, indépendamment des cours théoriques et pratiques qu'il est chargé de faire, surveille la conduite et la discipline des élèves.

Au point de vue militaire, l'officier instructeur relève directement, pour l'exécution du service, du Ministre de la Guerre. Il correspond avec lui sous le couvert du Directeur de l'École.

ART. 6.

Les fonctions de l'agent comptable sont déterminées par un règlement ministériel.

ART. 7.

Les adjudants sont chargés de la surveillance des élèves et du service de la bibliothèque et des collections. Ils constatent les infractions à la police et à la discipline, tant à l'intérieur qu'à l'extérieur de l'École.

Les fonctions et les devoirs des adjudants sont réglés par le directeur de l'École.

ART. 8.

Le directeur, le sous-directeur, l'inspecteur des études, l'instructeur militaire, l'agent comptable et les adjudants sont logés dans les dépendances de l'École.

Personnel enseignant.

ART. 9.

Le personnel enseignant comprend :

Un professeur de sciences forestières et un chargé de cours ;

Un professeur de sciences naturelles et un chargé de cours ;

Un professeur de législation forestière ;

Un professeur de mathématiques appliquées et **un chargé de cours** ;

L'instructeur militaire ;

Un chargé de cours de langues allemande et anglaise.

En outre, des agents des eaux et forêts peuvent être détachés à l'École comme préparateurs pour les collections et les laboratoires d'études et pour les travaux de la station de recherches et d'expériences organisée par l'arrêté ministériel du 27 février 1882.

Personnel du service intérieur.

ART. 10.

Le personnel du service intérieur comprend :

Un portier-consigne, un jardinier, un garde ou brigadier-clairon et le nombre de garçons de salle nécessaires pour assurer le service.

Les devoirs et le service des employés sont déterminés par le directeur de l'École.

Le portier-consigne, le jardinier, le garde ou brigadier-clairon sont logés à l'École, et il en sera de même, autant que les locaux ou dépendances de l'École le permettront, des garçons de salle.

ORGANISATION DE L'ENSEIGNEMENT.

Nature et durée de l'enseignement.

ART. 11.

L'enseignement de l'École comprend les matières ci-après :

Sciences forestières, sciences naturelles appliquées aux forêts, législation forestière, mathématiques appliquées, art militaire, langues allemande et anglaise.

Cet enseignement est réglé conformément aux programmes approuvés.

Le règlement particulier relatif à l'enseignement militaire est établi par l'officier instructeur d'accord avec le Directeur de l'École et soumis à l'approbation du Ministre de la Guerre et du Ministre de l'Agriculture.

ART. 12.

Les cours sont de deux années, sauf les exceptions déterminées ci-après par les articles 34 et 36.

Emploi du temps.

ART. 13.

L'année scolaire commence le 15 octobre et se termine le 15 août.

Six mois et demi sont employés aux études théoriques et pratiques ; trois mois et demi sont consacrés aux applications sur le terrain, à la préparation des examens de fin d'année et à ces examens mêmes.

ART. 14.

Un tableau de l'emploi du temps, établi par le directeur de l'École, le Conseil d'instruction consulté, règle la distribution des travaux. Il est affiché dans les salles d'étude.

ART. 15.

Pendant le premier semestre, un jour par semaine est consacré à l'instruction pratique des élèves.

ART. 16.

Les travaux pratiques ont lieu sous la direction des professeurs ou des chargés de cours. Lorsque les excursions exigent un déplacement de plus de deux journées, elles sont autorisées par le Directeur général de l'Administration des eaux et forêts, qui en détermine l'époque et la durée. Dans le cas contraire, elles sont réglées par le directeur de l'École.

ART. 17

La réglementation générale des heures de travail quotidien sera arrêtée par le Directeur général de l'Administration des eaux et forêts, sur la proposition du directeur de l'École.

Direction supérieure de l'Enseignement.

ART. 18.

La direction supérieure des études et l'appréciation des méthodes d'enseignement, pour toutes les matières autres que l'art militaire, appartiennent au Ministre de l'Agriculture, qui pourra consulter le Conseil de perfectionnement de l'enseignement forestier institué par le décret du 12 mars 1887 (art. 7).

La direction de l'enseignement militaire est réservée au Ministre de la Guerre.

Le général de division inspecteur permanent des écoles militaires a la haute surveillance de l'enseignement militaire. Il inspecte, après entente avec le directeur de l'École, le personnel militaire employé à l'instruction.

Il contrôle les résultats obtenus et, d'une manière générale, exerce, à l'égard de cet enseignement, les attributions qui lui ont été dévolues par le décret du 26 janvier 1907 en ce qui concerne les écoles militaires. Il correspond, s'il y a lieu, avec l'officier instructeur, sous le couvert du directeur de l'École.

Il est autorisé à déléguer un officier supérieur pour passer en son nom, des inspections.

ART. 19.

Un Conseil d'instruction est établi à l'École : il délibère sur toutes les questions relatives au règlement intérieur et aux programmes d'enseignement et d'admission.

Ce Conseil est composé, sous la présidence du directeur de l'École, et en son absence sous celle du sous-directeur, de tous les professeurs et chargés de cours et de l'instructeur militaire.

Il se réunit sur la convocation du président.

Les délibérations sont soumises au Directeur général de l'Administration des eaux et forêts.

INTERROGATIONS, EXAMENS ET CLASSEMENT DES ÉLÈVES.

Interrogations et examens.

ART. 20.

Les élèves peuvent être interrogés par le professeur pendant la durée des cours. En dehors des leçons, ceux que désigne le directeur sont examinés par les professeurs, les chargés de cours ou l'instructeur militaire, autant de fois que cela est jugé nécessaire. Des travaux pratiques et des compositions écrites peuvent remplacer ou accompagner les examens oraux.

ART. 21.

A la fin des cours, les élèves sont classés par ordre de mérite, d'après les notations des examens de cabinet, des compositions et travaux pratiques faits depuis le commencement de l'année.

3

Les résultats de ce premier classement sont transmis à la Direction générale des eaux et forêts. Ils sont affichés dans les salles d'étude et portés à la connaissance des familles.

Un bulletin sur la conduite et le travail des élèves est, en outre, adressé aux parents, à l'époque du congé de Pâques.

ART. 22.

A la fin de chaque année scolaire ou pendant cette année, lorsqu'un cours est terminé, les élèves sont examinés par un jury composé de trois professeurs ou chargés de cours et présidé par le Directeur général ou son délégué.

Toutefois les examens militaires des élèves de deuxième année, sont passés devant une commission composée ainsi qu'il suit ; un colonel ou un officier supérieur, président, désigné par le Ministre de la Guerre ; le directeur ou un fonctionnaire de l'École, délégué du directeur, membre ; l'officier instructeur de l'École, membre ; un officier secrétaire sans voix délibérative, désigné par le commandant d'armes de la garnison.

Les notes données par cette commission interviennent dans le classement de sortie.

ART. 23.

Les élèves qui n'ont pas accompli la première de leurs deux années de service militaire avant leur entrée à l'école subissent, lorsqu'ils ont terminé cette année de service, un examen de rappel portant sur toutes les matières de l'enseignement à l'exclusion de l'art militaire, devant le jury dont il est question au premier alinéa de l'article 22.

Classements.

ART. 24.

Le classement des élèves de première année se fait en prenant pour base une moyenne générale formée :

1° De la notation du classement fait à la suite des cours (art. 21), qui entre pour moitié de sa valeur ;

2° Des notes des examens de fin d'année et des travaux d'application qui entrent pour l'autre moitié.

Le calcul des points obtenus en 2° année s'établit d'après les mêmes bases.

ART. 25.

Le classement de sortie de l'École se fait par l'addition des points obtenus en première et en deuxième années.

ART. 26.

Le classement est arrêté à la fin de chaque année et pour chaque division, par un comité composé, sous la présidence du Directeur général de l'Administration des eaux et forêts ou de son délégué, du directeur de l'École, des professeurs, des chargés de cours et de l'instructeur militaire.

Toutefois les élèves qui n'ont pas accompli leur première année de service militaire avant leur entrée à l'École et qui ont satisfait à l'examen de rappel mentiouné à l'article 23, prennent rang dans la promotion qui sort de l'École l'année où ils terminent cette première année de service militaire.

Le nombre de points obtenus par les élèves visés au paragraphe précédent, en première et en deuxième années, sert à déterminer leur classement dans la promotion avec laquelle ils doivent compter.

ART. 27.

Les procès-verbaux de classement de fin d'année et de sortie sont dressés en double minute, signés par tous les membres du comité ci-dessus mentionné, et l'un des doubles, revêtu de la décision du Directeur général de l'Administration des eaux et forêts, est renvoyé au directeur de l'École.

A la fin des deux années d'études il est établi en outre, dans les conditions prévues aux articles 21 à 28 de l'Instruction du Ministre de la Guerre, en date du 10 mai 1909 (voir aux Annexes), des classements militaires distincts pour :

1° Les élèves ayant accompli leur première année de service

3.

2° Les élèves n'ayant pas encore accompli leur première **année** de service.

Notation et coefficient.

ART. 28.

Les notes d'appréciation de tout ordre varient dans l'échelle de o à 20.

ART. 29.

L'importance ralative des matières de l'enseignement est déterminée par les coefficients suivants :

Sciences forestières. 16
Sciences naturelles appliquées aux forêts. 12
Législation forestière. 12
Mathématiques appliquées. 14
Art militaire. 10
Langues allemande ou anglaise. 10
Conduite et tenue. 3

La note de conduite et tenue est donnée par le directeur de l'École.

ART. 3o.

Les coefficients visés dans l'article précédent seront répartis entre les examens oraux et les travaux pratiques, suivant une proportion réglée par le Directeur général de l'Administration des eaux et forêts, sur les propositions du Conseil d'instruction.

Sanction des examens.

ART. 31.

1° Les élèves qui, ayant accompli la première de leurs deux années de service militaire avant leur entrée à l'école, ont satisfait aux examens de sortie, et sont, de plus, reconnus susceptibles d'être nommés sous-lieutenants de réserve, seront nommés gardes généraux stagiaires à leur sortie de l'école;

2° Ceux qui, n'ayant pas fait la première de leurs deux années de service militaire avant leur entrée à l'école, ont satisfait à l'examen de rappel mentionné à l'article 23, et, de plus, ont été, après l'accomplissement de leur première année de service militaire, reconnus, par le Ministre de la Guerre, susceptibles d'être admis au grade de sous-lieutenant de réserve, seront nommés gardes généraux stagiaires avec les élèves de la promotion dans laquelle ils doivent compter (art. 26).

Toutefois, les élèves visés au paragraphe 2° ci-dessus étant retenus dans un corps de troupe comme simples soldats jusqu'au 1ᵉˢ octobre ne pourront prendre rang avant cette date dans l'Administration des Eaux et Forêts.

Les uns et les autres ne pourront être pourvus d'un emploi dans le service des Eaux et Forêts qu'après avoir accompli leur 2ᵉ année de service militaire.

ART. 32.

Les élèves qui, au classement de sortie de l'école auront obtenu, dans l'ensemble des notations, une moyenne générale de 15 ou plus seront nommés gardes généraux de 2ᵉ classe; ils accompliront néanmoins le stage prévu par l'arrêté ministériel du 31 juillet 1886.

Le classement de sortie de l'école donne le droit de choisir la résidence de stage. Il détermine le rang d'entrée dans l'Administration des Eaux et Forêts, sauf pour les élèves visés au paragraphe 3 de l'article précédent.

ART. 33.

Le classement militaire donne aux élèves qui ont accompli leur première année de service militaire le droit de choisir le corps de troupe auquel ils seront affectés comme sous-lieutenants de réserve, d'après l'état des vacances adressées à l'école par la Direction de l'Infanterie au Ministère de la Guerre.

ART. 34.

Sont rayés des cadres :

1° Les élèves qui, à la fin, soit de la première, soit de la deuxième année d'études, ne réunissent pas pour les notes de l'année correspondante, dans les quatre premières matières de l'enseignement spécifiées à l'article 29, un nombre de points égal à la moitié du nombre total maximum (moyenne générale de 10) qu'il est possible d'obtenir dans ces matières.

2° Ceux qui, ayant atteint ou dépassé ce nombre, n'auraient pas obtenu soit en sciences forestières, soit en sciences naturelles, la cote 8, ou dans les autres matières la cote 6.

Toutefois, les élèves visés dans le paragraphe précédent pourront être autorisés à redoubler leur année d'études sans que, dans aucun cas le séjour de l'École puisse dépasser trois années, sous la réserve des règlements militaires,

3° Ceux des élèves visés à l'article 26 qui, à l'examen du rappel n'ont pas, dans l'échelle de 0 à 20, la moyenne générale de 10 ou qui, l'ayant atteinte ou dépassée, n'auront pas obtenu soit en sciences forestières, soit en sciences naturelles la note 8 ou dans les autres matières de l'examen la note 6.

4° Les élèves qui, à leur sortie de l'École ne seraient plus reconnus aptes au service armé.

5° Ceux qui, ayant accompli une première année de service militaire, n'ont pas été reconnus susceptibles d'être nommés au grade de sous-lieutenant de réserve.

ART. 35.

Les élèves rayés des cadres dans les cas prévus par les paragraphes 1°, 2° et 3° de l'article précédent, peuvent, lorsqu'ils ont satisfait à la loi sur le recrutement de l'armée, être appelés aux fonctions de brigadier dans le service sédentaire.

Ils doivent faire connaître au Directeur général de l'Administration des Eaux et Forêts, dans le mois qui suit leur radiation, s'ils sont dans l'intention de profiter de cette disposition.

Deux ans au moins après leur nomination en qualité de brigadier sédentaire, ils seront admis à subir les examens de sortie de l'École devant le jury indiqué à l'article 22 ; mais ils ne pourront, en cas de succès, être nommé au grade de garde général stagiaire avant d'avoir accompli leur vingt-cinquième année et satisfait aux conditions requises pour être nommés sous-lieutenant de réserve.

ART. 36.

Seront admis à redoubler leur année d'études les élèves qu'une maladie grave, dûment constatée, aura obligés, pendant l'année, à une interruption de travail de quarante-cinq jours au moins.

ART. 37.

Chaque année des prix consistant en médailles, ouvrages scientifiques, instruments de précision ou allocations pour voyages, sont accordés aux élèves de seconde année qui ont présenté le meilleur mémoire sur un travail d'application ayant trait, soit aux sciences forestières ou naturelles, soit au droit ou aux mathématiques appliquées.

Le directeur de l'École fixe, chaque année, sur l'avis du Conseil d'instruction, le programme du concours.

En outre, deux prix militaires sont décernés en fin d'études. L'un : prix d'instruction militaire, à l'élève qui a obtenu la première place au classement militaire tel qu'il est institué par l'instruction ministérielle du 10 mai 1909 ; l'autre : prix de tir, à l'élève qui a réuni le plus grand nombre de points dans tous les tirs exécutés pendant les deux années d'études.

(Réglement particulier de l'Enseignement militaire, approuvé par le Ministre de la Guerre, le 28 juillet 1909.)

ART. 38.

Les élèves reçoivent un traitement de 1,200 francs. Ce traitement leur est mandaté mensuellement par le directeur de l'École.

Il est soumis à la retenue, conformément à la loi du 9 juin 1853.

Les élèves autorisés à redoubler en vertu, soit de l'article 34, soit de l'article 36, ne bénéficient pas des dispositions du présent article.

ART. 39.

Le directeur de l'École est autorisé à faire verser dans la caisse de l'agent comptable les traitements des élèves afférents à la durée de leur séjour à l'École.

Ces traitements auxquels s'ajoute le montant des versements imposés aux élèves ou à leur famille sont affectés aux dépenses diverses des élèves, conformément aux règlements de l'École, comme il est dit à l'article 62 ci-après.

L'excédent, s'il y a lieu, sera restitué aux élèves à la fin de la deuxième année.

SERVICE DE L'ALGÉRIE.

ART. 40.

Deux élèves sont, chaque année, affectés au service de l'Algérie.

ART. 41.

L'affectation des élèves au service des Eaux et Forêts de la Métropole et de l'Algérie est faite à la sortie de l'École nationale des Eaux et Forêts. Les élèves manifestent leur préférence suivant leur ordre de classement; en cas d'insuffisance de demandes pour le service de l'Algérie, la désignation est faite d'office en suivant l'ordre de sortie.

Pour l'application de ces prescriptions, les élèves qui n'ont pas fait leur première année de service militaire avant leur entrée à l'École comptent avec la promotion dans laquelle ils sont classés (art. 26).

ART. 42.

Les élèves désignés sur leur demande pour le service algérien doivent s'engager à rester trois ans au moins dans la colonie et justifier de leur aptitude physique au service colonial.

En cas d'inaptitude à ce service des élèves visés au paragraphe précédent, les places disponibles sont attribuées à ceux auxquels elles reviennent d'après leur rang de sortie.

ART. 43.

Les élèves nommés d'office en Algérie qui, pour cause de santé, ne seraient pas reconnus aptes à ce service, de même que ceux qui, pour un motif quelconque, refuseraient leur nomination en Algérie seront définitivement rayés des cadres du personnel des Eaux et Forêts.

POLICE, TENUE ET DISCIPLINE.

Dispositions générales.

ART. 44.

Il est défendu aux élèves de faire aucune démarche collective, de donner des repas de corps et d'y assister, de fréquenter les cafés ou autres établissements de réunion publique, s'ils n'en ont obtenu la permission du directeur et s'ils ne se conforment aux conditions qu'il leur aura imposées.

ART. 45.

L'élève qui a besoin d'un congé en fait la demande motivée au directeur de l'École, qui la soumet, avec ses observations, au Directeur général de l'Administration des Eaux et Forêts.

En cas d'urgence, le directeur de l'École peut accorder un congé, à charge d'en informer immédiatement l'Administration.

Tenue.

ART. 46.

Les élèves ne peuvent paraître, tant à l'intérieur qu'à l'extérieur de l'École, sans être rigoureusement dans la tenue prescrite.

Des revues fréquentes seront ordonnées pour s'assurer qu'aucune modification n'a été apportée par les élèves à leur tenue réglementaire.

ART. 47.

L'uniforme comporte deux tenues différentes : tenue de ville et tenue de travail.

Tenue de ville.

Tunique. — La tunique, en drap vert foncé, doublée en satin de Chine, est composée de deux devants, de deux petits côtés, d'un dos avec basque rapportée, d'un collet et de deux manches.

Devants. — La tunique se ferme droit sur la poitrine au moyen de neuf gros boutons d'uniforme en argent, demi-sphériques. Le devant de droite, qui porte les boutons, s'engage de 40 millimètres environ sous celui de gauche; celui-ci est percé de boutonnières correspondantes faites en drap; celle du haut se trouve à 35 millimètres de l'encolure, celle du bas à 200 millimètres environ du bord inférieur de l'effet.

Les bords des devants sont passepoilés en drap du fond et le bord inférieur est rempli et piqué à petit cordon.

Chaque devant comporte une pince dont la longueur est variable suivant la taille.

Sur le devant gauche est pratiquée, pour donner passage à la bélière et au crochet, une fente verticale de 80 millimètres de longueur passepoilée et bridée à ses extrémités. Cette fente est placée à 30 millimètres de la couture d'assemblage du petit côté et à 120 millimètres du bord inférieur du devant.

Dos. — Le dos, d'une seule pièce, mesure au bas de la taille, pour un effet moyen, 85 millimètres de largeur.

La basque du dos, d'une hauteur moyenne de 20 millimètres (variant suivant la taille de l'élève) comporte deux pattes taillées en accolade, en drap du fond, passepoilées du même drap. Ces pattes sont garnies de six boutons d'uniforme, dont deux à la naissance de la patte, c'est-à-dire à la taille, deux au milieu et deux au bas.

Collet. — Il se ferme carrément par devant au moyen de deux agrafes, il est garni intérieurement d'un cuir et reçoit sur sa doublure un galon noir de 10 millimètres de largeur, percé pour recevoir cinq petits boutons en métal blanc destinés à fixer le col blanc, qui ne doit dépasser tout autour que de 2 à 3 millimètres.

Chaque angle du collet est garni d'une patte en drap du fond taillée en accolade sur laquelle est brodé, en cannetille d'argent, un cor de chasse attribut distinctif spécial.

La hauteur maxima est de 40 millimètres.

A l'intérieur du vêtement sont cousues, sur la doublure, deux poches dites « à portefeuille » du même tissu que la doublure (ouverture de la poche 160 millimètres, profondeur 190 millimètres).

Les devants sont parementés en drap du fond sur une largeur de 60 millimètres environ ; le bord inférieur de l'effet est parementé en drap sur une hauteur apparente de 100 millimètres.

A la hauteur de la taille, entre les deux boutonnières du bas, sont cousues deux agrafes avec portes correspondantes.

Manches. — Les manches sont en deux morceaux, un dessus et un au-dessous ; sur le dessus des manches est appliquée, à demeure, une patte rectangulaire (hauteur 100 millimètres, largeur 40 millimètres) en drap de la couleur du fond. Cette patte, passepoilée, est garnie de trois petits boutons d'uniforme (demi-sphériques).

Les manches se terminent par un parement droit de 70 millimètres de hauteur, piqué sur son bord supérieur.

La largeur moyenne des manches est la suivante : en haut 230 millimètres, à la saignée 190 millimètres et en bas 150 millimètres.

Les épaules sont munies de l'attente en argent du modèle actuellement en usage à l'école.

Pantalon. — En drap gris bleuté, de forme droite, orné sur chaque côté de **deux bandes** en **drap** vert foncé, de 3 centimètres de largeur, encadrant un passepoil de même drap.

Képi. — Képi souple, du modèle général de l'armée, **en drap** vert foncé, cor de chasse en cannetille d'argent mat sur le bandeau, fausse jugulaire en argent, jugulaire dite à coulisse en cuir verni soutaché d'argent, le haut du bandeau garni du galon d'argent en lézarde de 15 millimètres sur les courbes verticales du turban, nœud hongrois d'un seul brin sur le calot.

Sabre. — Du modèle général d'infanterie, en acier nickelé, ceinturon à une bélière en cuir verni noir, se portant sous la tunique. Dragonne du modèle des officiers subalternes.

Col blanc fixé à l'intérieur du col de la tunique; gants de couleur (en peau rouge brun) les jours de la semaine et en peau de chevreau blanc les dimanches et jours fériés.

Tenue de travail.

Veston-jaquette cuir. — Veston demi ajusté en étoffe vert foncé, passepoilé, couleur du fond, croisant sur la poitrine et garni de dix boutons demi-grelots en argent, cinq de chaque côté, également espacés, devant d'un seul morceau avec poches, manches larges et parements droits, pattes à crémaillère, dans le dos de la taille, col droit, pattes d'épaules en drap.

Pantalon comme pour la grande tenue.

Casquette. — De forme basse, petit fond passepoil pareil; montée souple, broderie métal qualité supérieure. Drap Elbeuf vert foncé. Visière marine; cuir piqué; coiffe satin noir, cuir noir filet or, caoutchouc rond sur la visière; broderie cor de chasse avec entourage guirlande et feuille de chêne.

Col blanc fixé à l'intérieur du col du veston.

Vêtements de dessus.

Capote — Manteau. — Du modèle des officiers d'infanterie, longueur o m. 25 de terre, en drap cuir vert foncé, boutons d'uniforme en argent de 20 millimètres, cors de chasse en cannetille d'argent mat brodés au collet.

Rotonde à capuchon. — Du modèle de la cavalerie formant une circonférence complète, capuchon doublé en satin de chine noire. Longueur mesurée à la cassure du genou. Quatre boutons d'uniforme en argent de 16 millimètres.

ART. 48.

La tenue de travail ne sera jamais portée hors de l'École, sauf dans les excursions sur le terrain d'instruction.

Logement.

ART. 49.

Tous les élèves sont logés à l'École. Il leur est défendu d'avoir des chambres en ville, à loyer, ou de quelque manière que ce soit.

ART. 50.

Les élèves sont logés seuls ou deux ensemble. A leur entrée à l'École, la répartition des logements est faite par le directeur, eu égard au rang d'admission.

ART. 51.

Les élèves sont servis à leurs frais par des domestiques au choix du directeur. Les gages de ces domestiques sont fixés par le directeur de l'École, et le payement en est fait chaque mois par les soins de l'agent comptable, sur les fonds consignés par les élèves.

ART. 52.

Les élèves sont responsables des meubles qui sont à leur disposition, ainsi que des dégradations qui peuvent leur être imputées.

Discipline des travaux extérieurs.

ART. 53.

Les élèves, dans les travaux extérieurs, doivent se conformer aux dispositions prescrites par les ordres généraux qui règlent la marche et la durée des exercices, ainsi qu'aux instructions qu'ils pourront recevoir, sur le terrain, des professeurs et fonctionnaires chargés de diriger les opérations.

ART. 54.

Tout élève qui, sans motifs valables, ne se trouve pas aux lieux désignés pour les travaux extérieurs, encourt une punition.

Traiteurs.

ART. 55.

Les élèves sont réunis par division pour prendre leurs repas. Ceux dont les familles habitent Nancy peuvent seuls être dispensés de l'obligation imposée ci-dessus.

Chaque division a un chef désigné par le directeur.

Deux divisions ne peuvent manger à la même table.

Les chefs de division conviennent avec les traiteurs du prix de la pension des élèves. Ce prix, dont le maximum est fixé par le directeur de l'École, est l'objet d'une déclaration certifiée par le traiteur et remise par lui au directeur.

Service de santé.

ART. 56.

Le service de santé est fait chaque jour par un médecin désigné à cet effet et qui rend compte immédiat au directeur du résultat de sa visite.

ART. 57.

La visite journalière du médecin a lieu après l'heure fixée pour l'entrée des élèves dans les salles. Si l'indisposition déclarée par un élève est suffisante pour l'empêcher de suivre les exercices de l'École, le médecin le signale sur le bulletin de santé.

ART. 58.

En cas de maladie, le directeur ordonne le transport de l'élève à l'hôpital militaire et il en instruit sur le champ le Directeur général des eaux et forêts et les parents de l'élève.

Punitions.

ART. 59.

Les punitions pour infractions aux règlements ou pour toute autre faute non prévue, sont :

1° La censure ;
2° La consigne ;
3° Les arrêts simples, dont la durée ne peut excéder 15 jours
4° La mise à l'ordre de l'École ;
5° Les arrêts forcés dont la durée ne peut dépasser 1 mois ;
6° L'exclusion temporaire de l'École ;
7° Le renvoi définitif de l'École.

ART. 6o.

La censure consiste dans la réprimande confidentielle.

La consigne impose aux élèves à qui elle est ordonnée l'obligation de rester dans l'intérieur du pavillon et de la cour du casernement, et de n'en sortir que pour aller déjeuner ou dîner à leur pension à l'heure ordinaire; mais il ne leur est accordé qu'une heure pour le déjeuner et deux heures pour le dîner. Le dimanche comprend deux consignes : la première, depuis le matin jusqu'à 4 heures du soir, et la deuxième le reste de la journée.

L'élève mis aux arrêts doit prendre ses repas dans sa chambre et il ne peut la quitter que pour se rendre aux cours et études. Il ne peut se faire apporter pour sa subsistance que ce qui tient à son ordinaire journalier; l'autorisation de recevoir des visites peut lui être accordée.

Les élèves consignés ou aux arrêts sont tenus de signer, autant de fois qu'elle leur est présentée, une feuille de présence qui leur est portée par l'adjudant de service à l'intérieur, sur l'ordre de l'inspecteur des études. La violation de la consigne et des arrêts est punie au moins du double pour la première fois, et, pour la seconde fois, du triple de la même peine.

La mise à l'ordre de l'École consiste dans le blâme sévère de la conduite d'un élève, portée à la connaissance de tous par la voie de l'ordre.

Les arrêts forcés sont gardés dans un local particulier, sous la responsabilité de l'adjudant de service; ils entraînent la remise de l'arme entre les mains du directeur. L'élève ne peut sortir que pour se rendre aux cours et exercices pratiques; il est interdit à l'adjudant de service de le laisser communiquer avec qui que ce soit, excepté avec le domestique chargé de le servir, sans une autorisation spéciale du directeur.

L'élève contre lequel l'exclusion temporaire a été prononcée est renvoyé dans sa famille jusqu'à la fin de l'année scolaire. A son retour à l'école, il doit recommencer le cours de sa division, et ne peut être admis à bénéficier des dispositions du dernier paragraphe de l'article 34.

ART. 61.

Les adjudants constatent toutes les infractions aux règlements ; ils en rendent compte à l'inspecteur des études et notifient aux élèves les punitions prononcées contre eux.

Les membres du personnel enseignant requièrent la punition des élèves dont ils ont à se plaindre et s'adressent à cet effet au directeur, au sous-directeur ou à l'inspecteur des études.

Le sous-directeur et l'inspecteur des études prononcent la censure, la consigne et les arrêts simples ; ils en informent le directeur.

Le directeur de l'École inflige la mise à l'ordre du jour de l'École et les arrêts forcés.

La durée des arrêts forcés peut être prolongée par le Directeur général de l'Administration des eaux et forêts, qui prononce également l'exclusion temporaire.

Le Ministre de l'Agriculture prononce le renvoi de l'École.

Prix de la pension et frais accessoires.

ART. 62.

Les élèves ou leurs parents versent à la caisse de l'agent comptable de l'École :

1° Au moment de la première entrée à l'École, une somme de douze cents francs ;

2° Une somme annuelle de six cents francs, payable le 15 mars de chaque année.

Au moyen de ces versements, auxquels se joint le montant du traitement, déduction faite de la retenue pour la Caisse des retraites, il est pourvu à toutes les dépenses d'enseignement, de nourriture, d'équipement, d'uniforme, de literie, etc., conformément aux règlements de l'École.

5

L'excédent, s'il y a lieu, est restitué aux élèves à la fin de la deuxième année.

Obligations militaires.

ART. 63.

Pendant leur séjour à l'École, les élèves sont soumis aux obligations militaires résultant des lois du 15 juillet 1889 et du 21 mars 1905.

ART. 64.

Les règlements ministériels des 12 mars 1887, 19 janvier 1889, 12 octobre 1889, 10 octobre 1893 et 16 mars 1897 sont rapportés.

Fait à Paris, le 31 janvier 1910.

RUAU.

ARRÊTÉ

DU CONSEILLER D'ÉTAT, DIRECTEUR GÉNÉRAL DES EAUX ET FORÈTS

POUR L'EXÉCUTION DE L'ARRÊTÉ

DE M. LE MINISTRE DE L'AGRICULTURE

DU 31 JANVIER 1910.

LE CONSEILLER D'ÉTAT, DIRECTEUR GÉNÉRAL DES EAUX ET FORÈTS,

Vu l'arrêté ministériel du 31 janvier 1910 concernant l'organisation de l'École nationale des Eaux et Forêts,

ARRÈTE :

I.

Organisation de l'enseignement.

ARTICLE PREMIER.

Les heures consacrées aux cours, aux études, aux travaux graphiques et pratiques sont portées à la connaissance des élèves par les tableaux dits «Emploi du temps». Ceux-ci sont arrêtés pour chaque mois par le directeur en Conseil d'instruction, en se conformant aux programmes d'enseignement approuvés.

En dehors des cas de maladie dûment constatés et de permissions accordées par le directeur, tous les élèves sont tenus de suivre les indications données dans ce tableau.

ART. 2.

Les élèves prennent des notes aux leçons et doivent reproduire en regard de ces notes les croquis tracés par le professeur au tableau.

ART. 3.

Les élèves emploient le temps consacré aux études à prendre connaissance de leurs cours ou à traiter par écrit les sujets qui leur ont été signalés.

ART. 4.

Pendant le semestre d'hiver, un jour par semaine est réservé pour l'instruction pratique des élèves. Il est affecté aux excursions de toute nature, aux manipulations, à des leçons et à différents exercices de toutes matières de l'enseignement.

ART. 5.

Tout travail d'un élève, dessin ou rédaction, doit être fait entièrement de sa main et signé par lui. Aucun travail graphique ne doit être fait hors des salles d'étude.

ART. 6.

Les travaux pratiques seront remis aux époques fixées, à quelque degré d'avancement qu'ils se trouvent. Ils reçoivent en cet état leur cote d'appréciation.

Ceux de ces travaux qui ne sont pas terminés sont rendus aux élèves pour être, s'il y a lieu, achevés ou corrigés, conformément aux indications du professeur dans des séances dites « Consignes de travail ».

ART. 7.

Sur la demande des professeurs de sciences naturelles, les salles de collections pourront être ouvertes aux élèves à des heures déterminées à l'avance, à des conditions déterminées par le directeur de l'École.

II.

Interrogations, examens et classement des élèves.

ART. 8.

Pendant les études, les élèves peuvent être appelés à des conférences ou interrogations particulières. Les interrogations portent sur une section déterminée du cours indiqué à l'avance.

ART. 9.

Les élèves à interroger sont désignés par le directeur de l'École, qui adresse au professeur chargé de l'interrogation un bulletin portant le nom des élèves. Sur ce bulletin le professeur inscrit en chiffres la note méritée et consigne les observations qu'il juge utiles sur l'application et les progrès des élèves. Le bulletin, ainsi rempli, est retourné au directeur.

ART. 10.

L'élève doit toujours apporter aux interrogations et remettre au professeur les notes et croquis mentionnés à l'article 2. Il en est tenu compte dans la cote de mérite qui lui est attribuée.

L'élève qui, appelé à une interrogation de cabinet, ne se présente pas ou ne se trouve pas suffisamment préparé, encourt une punition.

ART. 11.

Le directeur fait afficher dans les salles, chaque semaine, les cotes de mérite assignées pour tous les examens de cabinet et les travaux jugés dans l'intervalle.

ART. 12.

La répartition des coefficients, prévues par l'article 29 du Règlement ministériel du 31 janvier 1910, est établie comme il suit :

	EXAMENS.	TRAVAUX.	TOTAL.
Sciences forestières............	12	4	16
Sciences naturelles appliquées aux forêts....................	10	2	12
Législation forestière.	10	2	12
Mathématiques appliquées........	10	4	14
Art militaire...................	5	5	10
Langues allemande et anglaise....	5	5	10

III.

Police, tenue, discipline.

ART. 13.

Professeurs. — Les professeurs sont chargés de la police de l'amphithéâtre pendant la durée des cours. Ils rendent compte au directeur des infractions à la discipline commises par les élèves.

ART. 14.

Service militaire. — Conformément aux dispositions de la loi sur le recrutement de l'armée, les élèves sont soumis au régime militaire, pour les cours et les exercices militaires, l'escrime et l'équitation, pour l'uniforme, pour la tenue et la discipline.

ART. 15.

Les cours et exercices militaires, l'escrime et le manège sont obligatoires et dirigés par l'instructeur militaire, aussi bien en ce qui concerne les leçons données dans le manège civil désigné par le directeur que pour celles données dans le manège militaire avec l'autorisation du Ministre de la Guerre.

ART. 16.

La tenue comprend : la tenue du matin, la tenue du jour et la grande tenue, comme pour l'armée. Les élèves doivent se conformer strictement aux ordres affichés par les soins de l'officier instructeur militaire et contresignés par le directeur. Le portier-consigne est chargé d'y veiller tant à la sortie qu'à l'entrée.

ART. 17.

L'officier instructeur s'assure, pour en rendre compte au directeur, que, dans toutes circonstances, les élèves maintiennent la bonne réputation de l'École et se préparent à accomplir dignement leur stage militaire.

ART. 18.

Service de santé. — Toutes les absences aux cours, aux études ou à un exercice quelconque, sous prétexte de maladie, doivent être justifiées par un certificat du médecin de l'École. L'élève qui se fait porter malade doit rester dans sa chambre jusqu'à la venue du médecin.

Les élèves peuvent, avec l'autorisation du directeur, se faire visiter par un médecin autre que celui qui est accrédité auprès de l'École. Dans ce cas, le médecin de l'École doit toujours prendre part à la consultation, et les prescriptions concernant la discipline. qui peuvent en résulter, ne peuvent être proposées que par lui.

ART. 19.

Adjudants de surveillance. — Les adjudants sont spécialement attachés à la surveillance des élèves, tant à l'intérieur qu'à l'extérieur de l'École. Ils peuvent être appelés à faire toutes les écritures que nécessite l'administration de l'École.

ART. 20.

Un des adjudants est spécialement chargé du service de la bibliothèque. Les deux autres sont alternativement de semaine : l'un pour le service intérieur, l'autre pour le service extérieur,

L'adjudant de service à l'intérieur est tenu de passer les nuits à l'École.

Les adjudants font tous les appels et les contre-appels ; en dehors du service auquel ils sont spécialement affectés, ils peuvent être commandés pour tout autre service où leur intervention sera jugée utile.

Indépendamment du rapport journalier qu'ils font à l'inspecteur des études, les adjudants lui rendent compte immédiat de tout ce qui peut survenir d'important, en ce qui concerne le bon ordre et la conduite des élèves dans l'intérieur de l'École et au dehors.

Les adjudants ne peuvent s'absenter de l'École sans permission qu'à des heures déterminées.

ART. 21.

Élèves. — Les élèves sont tenus, en tout temps et en toutes circonstances, à la déférence et aux marques extérieures de respect envers leurs supérieurs et envers les officiers de l'armée et les assimilés.

ART. 22.

Aucune discussion ne doit s'établir entre l'adjudant et les élèves. Les ordres transmis par l'adjudant sont immédiatement exécutés.

ART. 23.

La présence des élèves est constatée par des appels. Outre les appels journaliers qui se font aux heures fixées par l'ordre de l'École, des contre-appels peuvent être ordonnés, le jour ou la nuit, par le directeur ou l'inspecteur des études.

ART. 24.

La présence des élèves portés malades est constatée par l'adjudant de service à l'intérieur.

ART. 25.

A partir du réveil, qui est sonné à 6 heures du matin, tous les mouvements sont annoncés par des sonneries aux heures fixées par l'emploi du temps.

ART. 26.

A moins d'une autorisation spéciale du directeur ou, en son absence, du soûs-directeur ou de l'inspecteur des études, aucun élève ne peut sortir de l'École, en semaine, qu'aux heures règlementaires.

ART. 27.

Pendant toute l'année, la rentrée du soir a lieu à 10 heures. Les élèves ne peuvent dépasser l'heure fixée pour la rentrée, ni découcher, sans une permission du directeur de l'École.

ART. 28.

Pendant les heures de travail, les personnes étrangères ne peuvent communiquer avec les élèves, sans une permission du directeur, du sous-directeur ou de l'inspecteur des études.

ART. 29.

Tout jeu de hasard est formellement interdit aux élèves, soit à l'intérieur, soit à l'extérieur de l'École.

ART. 30.

Le directeur de l'École prendra les dispositions relatives à la fréquentation des salles de réunion.

ART. 31.

Les ouvrages ou échantillons déposés à la bibliothèque des élèves ou dans les salles d'étude, lorsqu'ils auront été détériorés par les élèves, seront remplacés à leurs frais.

Il en est de même du mobilier de toutes les salles fréquentées par les élèves, lorsque les dégradations proviennent de leur fait ou sont occasionnées par leur faute.

ART. 32.

Les élèves ne peuvent fréquenter le jardin de l'École qu'aux jours et heures fixés par l'ordre ; il leur est expressément défendu d'y cueillir quoi que ce soit.

IV.

Fournitures.

ART. 33.

Les élèves sont tenus d'avoir une boussole à nivellement, une mire graduée, une chaîne métrique et des fiches, les livres et objets nécessaires à leurs travaux et à leur instruction. Ils se conforment, à cet égard, aux instructions du directeur de l'École.

ART. 34.

Les sommes nécessaires au payement de ces objets sont prélevées sur les versements, conformément à l'article 62 de l'arrêté ministériel du 31 janvier 1910.

ART. 35.

Les fournitures faites aux élèves, qui font l'objet d'adjudications, sont reçues par une commission composée comme il est stipulé au cahier des charges relatif à ces adjudications.

Les autres fournitures sont reçues par l'instructeur militaire et les professeurs compétents.

Doivent faire l'objet d'adjudications, conformément à l'article 24 du règlement sur la comptabilité de l'École :

1° L'uniforme, qui comprend par élève :

Une tunique satin ;

Une tunique cuir ;

Un veston jaquette cuir ;

Deux pantalons de drap de satin d'hiver ;

Un pantalon de drap de satin d'été;
Une culotte de manège ;
Une douzaine de cols pour tunique ;
Une capote-manteau ;
Une rotonde à capuchon ;
Deux képis galon argent ;
Une casquette.

2° La literie, qui comprend par élève :

Une couverture de laine ;
Une couverture de coton ;
Trois paires de drap ;
Une douzaine de serviettes.

3° Les instruments de géodésie, savoir par élève :

Une boussole en cuivre divisée en grades ;
Une chaîne à ruban avec fiches et une fiche plombée ;
Une mire stadia.

Les fournitures ci-dessous pourront être achetées par les élèves dans des maisons à leur choix, sans déclaration de prix préalable. Les factures relatives à ces fournitures seront soldées, au compte des élèves, par l'agent comptable de l'École jusqu'à concurrence des prix estimatifs qui seront arrêtés chaque année sur la proposition du directeur de l'École, par le Directeur général des Eaux et Forêts et portés à la connaissance des élèves.

PREMIÈRE ANNÉE.
Livres et menues fournitures de bureau ;
Sabre du modèle général d'infanterie en acier nickelé ;
Ceinturon à une bélière en cuir verni ; dragonne cuir ;
Gants ;
Une paire de brodequins de tournées ;
Une paire de bottines veau à élastiques ;
Une paire houseaux (transvaliennes) vache vernie doublée sans couture ;
Une paire d'éperons pour tenue de manège.

<table>
<tr><td>Deuxième année.</td><td>Livres et menues fournitures de bureau ;
Gants ;
Deux paires de bottines veau à élastiques ;
Réparations de chaussures.</td></tr>
</table>

Spécialement pour les livres d'enseignement, dont la liste est arrêtée chaque année, en même temps que les prix estimatifs dont il est parlé plus haut, par le Directeur général des Eaux et Forêts, les élèves sont tenus d'en être pourvus avant le commencement de l'année scolaire et de les présenter à la rentrée ; à défaut de quoi ces livres seront achetés par l'agent comptable et les factures payées par lui.

Le règlement des fournitures achetées directement par les élèves ou leur famille, comme il est dit ci-dessus, sera effectué au moyen d'un mandat au pied duquel l'élève donnera quittance du remboursement des sommes avancées, jusqu'à concurrence du montant arrêté pour chaque objet par le Directeur général des Eaux et Forêts. A ce mandat devront être jointes les factures acquittées par les fournisseurs.

V.

Police des externes.

ART. 36.

Les élèves externes doivent se conformer à l'arrêté ministériel du 30 octobre 1893 et aux ordres du Directeur général des Eaux et Forêts et du directeur de l'École qui les concernent.

ART. 37.

Les arrêtés du Directeur des forêts en dates des 12 octobre 1889, 23 mai 1894 et 20 mars 1897 sont abrogés.

Fait à Paris, le 2 février 1910.

L. DAUBRÉE.

RÈGLEMENT

CONCERNANT LA COMPTABILITÉ

DE L'ÉCOLE NATIONALE DES EAUX ET FORÊTS.

LE MINISTRE DE L'AGRICULTURE,

Sur la proposition du Conseiller d'État, Directeur général des Eaux et Forêts,

ARRÊTE :

CHAPITRE PREMIER.

Dispositions générales.

ARTICLE PREMIER.

Il est pourvu avec les fonds de l'État, en vertu des crédits ouverts au budget de l'Administration des eaux et forêts, à l'acquittement :

I. Des traitements, gratifications, indemnités et secours alloués aux fonctionnaires et aux élèves de l'École nationale des eaux et forêts, ainsi qu'aux employés de diverses catégories attachés à l'établissement ;

II. Aux dépenses de matériel :

1° Pour le casernement des élèves et achat de literie à leur usage ;

2° Pour le chauffage et l'éclairage des salles de cours et d'étude, des cabinets du directeur, des professeurs et de l'agent comptable, des logements de l'agent comptable, des adjudants et du portier-consigne, ainsi que de la loge du garçon de salle chargé du bâtiment des études, des bibliothèques et salles de réunion des élèves, du laboratoire, des salles de collection et des bureaux des agents attachés à la station des recherche annexé à l'École et des appartements particuliers du directeur ;

3° Pour l'éclairage des corridors des bâtiments ainsi que des cours d'entrée et de récréation ;

4° Pour l'habillement et le chauffage des gagistes ;

5° Pour les bibliothèques de l'École et des élèves, les cabinets de collections, les laboratoires, les instruments, l'armement et tous autres objets mobiliers affectés à l'enseignement ;

6° Pour les impressions et frais de bureau concernant l'administration et la comptabilité de l'École ;

7° Pour l'entretien des bâtiments et des logements affectés aux personnes désignées par les articles 8 et 10 de l'arrêté ministériel du 31 janvier 1910 ;

8° Pour le jardin, les pépinières et les travaux nécessités par les exercices pratiques ;

9° Pour les prix du concours et le prix du tir institués par l'arrêté ministériel du 31 janvier 1910, art. 37 ;

10° Pour les menues dépenses d'entretien journalier de l'intérieur de l'École.

ART. 2.

Les dépenses afférentes à l'habillement, à l'équipement des élèves, à leur trousseau de literie et toilette, à leur nourriture, aux menus frais de leur casernement, au salaire des domestiques employés pour leur service personnel, à l'acquisition des livres et instruments dont il leur est prescrit de se pourvoir, à celle des fournitures de bureau qui leur sont nécessaires, aux leçons d'équitation, aux frais de leurs tournées d'exercices pratiques, ainsi que les menues dépenses d'entretien, sont payées au moyen de fonds versés par les familles ou par les élèves.

ART. 3.

Toutes les dépenses mentionnées dans l'article précédent sont ordonnancées par le directeur de l'École.

ART. 4.

Les dépenses désignées par l'article 1er sont acquittée par le Trésorier-Payeur général de Meurthe-et-Moselle, soit directement par mandats individuels délivrés aux ayants-droit, soit par mandats d'avances établis au nom de l'agent comptable, celui-ci devant remettre, dans un délai d'un mois, les justifications desdites avances.

ART. 5.

L'encaissement des sommes que les parents ou élèves ont à verser pour subvenir aux dépenses énumérées dans l'article 2 et l'acquittement de ces dépenses sont effectués par l'agent comptable attaché à l'École.

CHAPITRE II.

Agent comptable.

ART. 6.

L'agent comptable est nommé par le Ministre de l'Agriculture sur la proposition du Directeur général des Eaux et Forêts.

Il est placé sous les ordres et sous la surveillance du Directeur de l'École.

Il fournit avant son installation un cautionnement de 10,000 fr., suivant le mode adopté pour les comptables du Trésor public.

ART. 7.

Outre les opérations mentionnées à l'article 5, l'agent comptable est chargé d'effectuer, sur mandats délivrés à son nom par le Directeur, l'encaissement du traitement des élèves et des avances pour travaux de régie, qu'il y a lieu de toucher à la caisse du trésorier-payeur général suivant l'article 4, d'employer ces avances en vertu des ordres du Directeur et de produire au trésorier-payeur général les justifications réglementaires dans le délai d'un mois; de recevoir les approvisionnements de matériel, soit à la charge de l'État, soit à celle des fonds versés par les parents et les élèves ; de veiller à la conservation de ces objets et de suivre le détail de leur emploi ; de conserver le matériel de la bibliothèque, du cabinet d'histoire naturelle, des collections de modèles et d'instruments, et d'en suivre les mouvements ainsi que ceux du mobilier appartenant à l'État.

ART. 8.

L'agent comptable est responsable de toutes les sommes encaissées par lui, de la validité des payements qu'il effectue, de la quantité et de la qualité des objets de matériel à la manutention desquels il est préposé.

Il est justiciable de la Cour des comptes à laquelle il fournit, pour chaque année, un compte de ses opérations en deniers et un compte de ses opérations en matières avec les pièces nécessaires à leur justification.

CHAPITRE III.

Versements effectués par les parents et les élèves.

ART. 9.

Il n'est pas perçu de frais scolaires, mais il est pourvu aux dépenses personnelles des élèves à l'aide de versements successifs opérés dans les conditions ci-après :

Les parents ou les élèves ont à verser entre les mains de l'agent comptable :

1° Au moment de la première entrée à l'École une somme de 1,200 francs ;

2° Une somme de 600 francs payable le 15 mars de chaque année ;

3° Mensuellement, le douzième du traitement annuel, déduction faite des retenues réglementaires pour la pension de retraite.

ART. 10.

Les élèves admis, après concours, à l'École nationale des Eaux et Forêts devront, ou leurs parents, faire parvenir immédiatement à la Direction générale des Eaux et Forêts en même temps que l'acceptation de leur nomination, dans la forme des sous-seings privés (feuille de papier timbré à o fr. 60), l'engagement (1) du payement des sommes énoncées à l'article précédent (1° et 2°).

Si la solvabilité de l'élève ou des parents ne paraît pas suffisante, le Directeur général des Eaux et Forêts peut réclamer le cautionnement de toute personne solvable aux mêmes fins que ci-dessus.

Ces pièces sont transmises à l'agent comptable par l'intermédiaire du directeur de l'École.

ART. 11.

Tout élève admis à l'École qui n'aurait pas versé à la date de la rentrée des classes sa première mise de 1,200 francs mentionnée à l'article 9 ne serait point autorisé à loger dans les bâtiments de l'École ni à suivre les cours.

---

(1) Suivant que l'élève est mineur, émancipé ou majeur, l'engagement est souscrit par le père, le tuteur ou l'intéressé lui-même, s'il jouit de ses biens.

ART. 12.

Dans le cas où un élève serait admis à redoubler une année d'études (art. 34 et 36 de l'arrêté ministériel du 31 janvier 1910), comme son traitement mensuel ne lui est plus servi pendant l'année de redoublement (art. 38), il doit fournir, pour cette année, dans les termes et sous la même sanction que ci-dessus, une promesse spéciale ayant pour but de garantir le payement des 600 fr. et celui des mensualités de traitement.

ART. 13.

Lorsque les versements autres que celui énoncé en l'article 11, n'ont pas été effectués dans le mois qui suit les termes indiqués par l'article 9, l'agent comptable, par l'intermédiaire du Directeur, prévient les élèves ou leur famille que la prolongation de cet arriéré au delà de l'expiration du second mois entraînera l'exclusion de l'école et la poursuite, par l'agent judiciaire du Trésor, du recouvrement des sommes dont le compte de l'élève se trouvera débiteur au moment de sa sortie.

ART. 14.

Si le second mois s'écoule sans accomplissement du versement en retard, l'agent comptable en donne avis au Directeur, qui adresse à l'Administration des eaux et forêts un rapport motivé tendant à soumettre au Ministre de l'Agriculture soit l'exclusion immédiate de l'élève, soit la concession d'un dernier délai.

ART. 15.

Lorsqu'un élève est rayé des cadres pour une cause quelconque, l'agent comptable remet au Directeur au moment de la sortie de l'élève l'obligation souscrite par ses parents et le décompte des sommes dont son compte se trouve débiteur.

Ces pièces sont transmises, avec les explications et justifications nécessaires, à l'agent judiciaire du Trésor, qui reste ensuite chargé des diligences à faire pour le recouvrement, à titre de débet, de la somme demeurée due.

ART. 16.

L'agent comptable n'a plus à intervenir dans le recouvrement de cette somme sur les parties débitrices ; il est couvert de son montant au moyen d'un mandat qui est délivré à son nom sur la caisse du trésorier-payeur général par le Directeur de l'École, en vertu d'un crédit spécial que l'Administration des eaux et forêts ouvre à celui-ci sur le chapitre de ses dépenses diverses, article des avances recouvrables.

ART. 17.

Les versements des parents ou des élèves ne peuvent être effectués qu'en numéraire ou en mandats des trésoriers-payeurs généraux sur le trésorier-payeur général de Meurthe-et-Moselle. La preuve de leur accomplissement ne peut résulter que d'une quittance à souche délivrée par l'agent comptable.

ART. 18.

Toutes les sommes reçues des parents ou des élèves qui n'ont pas à être employées le jour même ou le lendemain de leur encaissement sont versées, à titre de placement sans intérêts, au trésorier-payeur général de Meurthe-et-Moselle, par l'agent comptable qui en retire récépissé.

Ces versements sont opérés en vertu d'ordre du directeur indiquant la somme qu'ils doivent comprendre, et remis au trésorier-payeur général.

ART. 19.

Lorsqu'il devient nécessaire d'effectuer des retraits sur les sommes ainsi déposées, afin de pourvoir à des dépenses imputables sur les fonds versés par les parents ou les élèves, ces retraits ont lieu au moyen de mandats de remboursement, au nom de l'agent comptable.

ART. 20.

Le montant des placements et celui des retraits sont inscrits en toutes lettres, à la date de chaque opération, par la trésorerie générale, sur un livret qui reste entre les mains de l'agent comptable.

CHAPITRE IV.

Ordonnancement et acquittement des dépenses.

ART. 21.

L'ordonnancement, l'acquittement et les justifications des dépenses à la charge de l'État, sont soumis aux dispositions du règlement de comptabilité publique du Ministère des finances en date du 26 décembre 1866, soit qu'il s'agisse de dépenses à solder directement par le trésorier-payeur général, soit qu'il y ait à opérer par voies d'avances faites par celui-ci à l'agent comptable de l'École.

Ce qui concerne les dépenses imputables sur les fonds versés par les parents ou les élèves est réglé d'après les principes formant la base du même règlement. Il est toutefois fait exception pour les règlements des fournitures achetées par les élèves ou leur famille, ainsi que pour les justifications des dépenses dont il est parlé à l'article 27 ci-après.

ART. 22.

La mise à exécution de tout ce qui intéresse les dépenses de matériel à la charge de l'État, sera préalablement soumise à l'approbation du Directeur général de l'Administration des eaux et forêts par le directeur.

ART. 23.

Les fournitures aux élèves payées au moyen des sommes versées par les familles ou par les traitements que l'État alloue doivent, en principe, faire l'objet d'adjudications, conformément à un cahier des charges approuvé par le Ministre de l'Agriculture.

Toutefois, pour certaines de ces fournitures, le Directeur général des eaux et forêts pourra décider que les élèves auront la faculté de se les procurer, dans des maisons à leur choix, et dans ce cas, les factures concernant les achats seront soldées au compte des élèves jusqu'à concurrence des sommes estimatives correspondantes fixées par l'Administration.

Spécialement, pour la nourriture des élèves chez les traiteurs où ils doivent prendre leurs repas par division, conformément au règlement de l'École, et pour les leçons d'équitation qui doivent être prises dans un manège civil, il interviendra entre le directeur de l'École d'une part, les traiteurs et directeur du manège d'autre part, des conventions réglant les prix et autres conditions du service.

ART. 24.

Avant le 1er novembre de chaque année, le directeur de l'École établit et soumet, en double minute, à l'approbation du Directeur général des eaux et forêts un budget d'emploi des sommes à la charge des familles, ainsi que des sommes provenant des traitements des élèves.

Ce budget devra comprendre les articles suivants :

PREMIÈRE ANNÉE.

ART. 1er. — Trousseau de literie et de toilette ; objets d'uniforme, d'équipement et de chaussures.

ART. 2. — Instruments de géodésie, livres et menues fournitures de bureau.

ART. 3. — Leçons d'équitation.

ART. 4. — Frais de tournées et d'exercices pratiques.

ART. 5. — Nourriture et blanchissage.

ART. 6. — Salaires des domestiques.

ART. 7. — Dépenses diverses accidentelles.

DEUXIÈME ANNÉE.

ART. 8. — Leçons d'équitation.

ART. 9. — Livres et fournitures de bureau.

ART. 10. — Frais de tournées et d'exercices pratiques.

ART. 11. — Nourriture et blanchissage.

ART. 12. — Salaires des domestiques.

ART. 13. — Dépenses diverses et accidentelles.

Les prévisions de ce budget dûment approuvé ne doivent pas être dépassées pour les ordonnancements relatifs à chaque année. Toutefois, les fonds restés libres après les dépenses de première année sont reportés aux dépenses de seconde année, sans qu'il soit besoin d'une autorisation spéciale.

ART. 25.

Les mémoires des traiteurs devront être présentés au directeur à la fin de chaque mois pour le mois en cours. Toutes les autres dépenses faites pour le compte des élèves seront, autant que possible réglées à ces mêmes époques. Les unes et les autres seront l'objet de mandats (mod. spécial), délivrés au nom des fournisseurs, individuellement quant à ces derniers et collectivement quant aux élèves qui auront profité des fournitures.

Pour les fournitures que les élèves sont autorisés à acheter directement, le remboursement des sommes par eux dépensées sera fait au moyen d'un mandat au pied duquel l'élève donnera quittance de ce remboursement jusqu'à concurrence du montant arrêté pour chaque objet par le Directeur général des eaux et forêts. A ce mandat devront être jointes les factures acquittées des fournisseurs.

ART. 26.

Lorsque, en vertu de l'autorisation contenue dans le règlement constitutif de l'École, un élève dont les parents habitent Nancy prendra ses repas chez eux, il sera fait, chaque mois, à ceux-ci, par l'agent comptable, en vertu d'un mandat du directeur, au pied duquel ils fourniront quittance le remboursement d'une somme égale au prix mensuel de l'abonnement payé au traiteur, par chacun des autres élèves de la même promotion.

ART. 27.

Les dépenses des tournées des élèves sont l'objet d'avances faites aux professeurs ou chargés de cours ou agents de la station chargés de la direction de chaque tournée contre des quittances provisoires de ceux-ci, à charge par eux de produire à l'agent comptable aussitôt qu'ils seront rentrés à l'École les carnets spéciaux sur lesquels seront détaillées ces dépenses.

D'après ces carnets, l'agent comptable établira la justification des dépenses sur des états dont le modèle suit :

ÉCOLE NATIONALE
des
EAUX ET FORÊTS.

Année scolaire
19 ·19 ·

ᵉ DIVISION.

ÉTAT des dépenses faites par M.

dirigeant la tournée d

dans

DATES	DÉSIGNATION DES DÉPENSES.	MONTANT des DÉPENSES.	OBSERVATIONS.
	Chemin de fer à places à		
	HÔTEL à		
	. . . .		

MONTANT TOTAL des dépenses de la tournée . . .

CERTIFIÉ et ARRÊTÉ le présent état à la somme de

Nancy, le

VU et CERTIFIÉ EXACT :

Le Directeur de l'École,

T. S. V. P.

RÉPARTITION DES DÉPENSES.

Le montant des dépenses s'élève à

Duquel il y a lieu de déduire les dépenses de :

MM. N............., professsseur

    N............,

    N............,

    N............, élève externe

....

       Reste pour le compte des élèves........

    Savoir : MM.

....

....

....

....

....

L'Agent comptable, soussigné, certifie la répartition ci-dessus conforme aux dépenses effectuées par M.

       Nancy, le

Certifié véritable par le professeur, soussigné, chargé du règlemen' des dépenses de la tournée.

       Nancy, le

   Vu :

Le Directeur de l'École,

ART. 28.

Aucun payement autres que ceux qui sont réglés par le budget approuvé ne peut être ordonnancé ni effectué au profit d'un élève, si son compte a cessé de présenter un solde actif.

ART. 29.

Au moment où chaque élève quitte définitivement l'École, la balance de son compte est établie. S'il existe un solde créditeur, le montant de ce solde est remis à l'élève contre sa quittance et avis en est adressé aux parents. Si le solde est exceptionnellement débiteur, la somme qui le compose est réclamée à l'élève sortant et à défaut de payement immédiat, à ses parents ; lorsque le versement de cette somme n'est pas opéré dans le délai d'un mois, il est opéré suivant le mode indiqué par les articles 14 et 15.

Le traitement des élèves nommés gardes généraux de 2ᵉ classe ou gardes généraux stagiaires correspondant au temps écoulé entre leur sortie de l'École et leur entrée au régiment leur sera adressé le 1ᵉʳ octobre ; quant au traitement des élèves passant de la première année à la deuxième année, lequel n'aura pu leur être remis pendant les deux mois de vacances, il sera versé par le comptable au compte créditeur de l'élève.

CHAPITRE V.

Matériel.

ART. 30.

L'agent comptable fait signer, par les parties prenantes, auxquelles sont destinés les approvisionnements réglementaires, des reconnaissances qui sont jointes à l'appui du compte de gesti   en matière.

ART. 31.

Les objets mobiliers appartenant à l'État qui ne peuvent plus être utilisés sont mis, lorsque le directeur de l'École le juge convenable, à la disposition du directeur des domaines de Meurthe-et-Moselle, pour être vendus. Lorsque la vente en est opérée, l'agent comptable en effectue la délivrance; le prix en est recouvré, sans son intervention, par le receveur des domaines à Nancy. Les destructions complètes doivent être constatées par des procès-verbaux certifiés par le directeur,

CHAPITRE VI.

Écritures.

ART. 32.

Pour la manutention des deniers, l'agent comptable tient :

1° Un registre à souche sur lequel il inscrit, à leur date et sans lacune, toutes les sommes versées entre ses mains (première mise, versements du 15 mars et traitement des élèves), en même temps qu'il détache de ce registre les quittances à délivrer par lui; des additions y sont faites par journée;

2° Un livre journal annuel de caisse sur lequel sont enregistrés, chaque jour, dans des articles recevant une série de numéros d'ordre non interrompue, tous les mouvements de fonds tant en recette qu'en dépense; Le 1ᵉʳ article de chaque année reprend les soldes ressortant au 31 décembre de l'année expirée, à chacun des comptes ouverts sur le sommier qui va être indiqué ci-dessous; le solde devant rester en caisse est établi à la fin de chaque journée où des opérations ont été constatées ;

3° Un sommier, ouvert par année, sur lequel toutes les opérations décrites sur le journal de caisse, y compris les transports de soldes provenant de la dernière année expirée, sont classées dans des comptes portant les titres de :

Fonds placés en dépôt à la caisse du trésorier-payeur général de Meurthe-et-Moselle et retrait de ces fonds pour le payement des dépenses des élèves (art. 18, 19 et 20).

Fonds versés par les parents ou les élèves de la première division et dépenses imputables sur ces fonds ;

Fonds versés par les parents ou les élèves de la deuxième division et dépenses imputables sur ces fonds ;

' Les sommes inscrites à chacun des comptes sont totalisées distinctement par mois, les totaux mensuels sont additionnés ;

4° Un livre des comptes courents des élèves, sur lequel sont dépouillées, à la fin de chaque mois, les recettes et les dépenses effectuées pour le compte de chacun ;

5° Un registre journal des mandats délivrés à la fin du mois.

ART. 33.

Pour la manutention des matières, l'agent comptable tient :

1° Un registre à souche d'où il détache les reçus à délivrer par lui au moment de chaque entrée (bois, houille, gaz, électricité, etc.) ;

2° Un sommier d'entrée et de sortie des objets de consommation par espèces, à la charge du Trésor ;

3° Pour chaque catégorie d'objet de collection (bibliothèque, cabinet d'histoire naturelle, instruments extraordinaires) et de fonds d'établissement (mobilier, modèles, instruments pratiques), un inventaire sur lequel chaque article est consigné avec un numéro d'ordre particulier, et avec l'indication des dates d'entrée et de sortie ;

4° Un carnet sur lequel sont consignés les objets sortis des inventaires ci-dessus pour cause de mise hors service, et où il est tenu note des reprises de ces objets ou de leur sortie définitive par voie de vente ou de destruction complète.

ART. 34.

L'agent comptable qui est chargé de la comptabilité administrative, tient les registres afférents au service du directeur comme ordonnateur.

CHAPITRE VII.

**Contrôle, documents périodiques
à fournir au Ministère de l'Agriculture
et Comptes de gestion.**

ART. 35.

A la fin de la dernière journée de chaque mois, le directeur de l'École arrête le solde du journal de caisse tenu par l'agent comptable et vérifie les valeurs existant dans la caisse de cet agent en dressant un bordereau de ces valeurs, qu'ils signent l'un et l'autre et où le solde des déplacements est relaté pour mémoire d'après le livre successivement annoté par la trésorerie générale.

ART. 36.

Le directeur, en arrêtant le journal de caisse, le 31 décembre, arrête, en même temps, le journal à souche de la comptabilité en deniers et celui de la comptabilité des matières. Ce dernier est joint à l'appui du compte de gestion.

ART. 37.

A la clôture de chaque année, l'agent comptable dresse un inventaire des objets restant sous sa garde ; cet inventaire qui, pour les objets de collection et de fonds d'établissement, se borne à résumer les quantités subsistantes, en se référant, pour le détail, aux inventaires permanents prescrits par le paragraphe 3 de l'article 33 et certifié par la directeur après recensement.

ART. 38.

Dans le courant du mois de janvier de chaque année, l'agent comptable établit, pour l'année expirée, les deux comptes de gestion mentionnés à l'article 8.

ART. 39.

Le compte des opérations en deniers constate :

Les valeurs qui se trouvaient en caisse au 31 décembre de l'année antérieure à celle que concerne le compte ;

Le montant de toutes les sommes reçues et payées pendant l'année, divisées suivant les articles du budget et avec report des restes à recouvrer et des restes à payer provenant de l'année antérieure ;

Les valeurs restant en caisse au 31 décembre.

ART. 40.

L'agent comptable joint à ce compte, afin d'en justifier le contenu :

Des états nominatifs, certifiés par le directeur, des élèves composant chacune des divisions aux époques du 1er janvier et du 31 décembre, avec indication des mouvements qui auraient pu se produire entre le 1er janvier et le 1er septembre ;

Un relevé, également certifié par le directeur, du budget ;

Les mandats, pièces à l'appui et quittances constatant l'exécution de l'ordonnancement et le payement des dépenses acquittées. Ces mandats sont classés par articles du budget rappelés ci-dessus et récapitulés sur des bordereaux.

ART. 41.

Le compte en matières constate les quantités d'objets de chaque espèce qui existaient à l'ouverture de l'année, celles qui sont entrées et sorties pendant ladite année, enfin les quantités et valeurs des objets existant à sa clôture. Des chapitres spéciaux indiquent les mouvements et la situation des objets hors de service.

Ce compte est appuyé du registre à souche prescrit par le paragraphe 1er de l'article 33, des reconnaissances de délivrance mentionnées en l'article 30, de bordereaux récapitulatifs, enfin de l'inventaire dressé en vertu de l'article 37.

ART. 42.

Les deux comptes sont attestés par l'agent comptable, certifiés conformes aux écritures par le directeur et transmis, avant le 1er mars, à la Cour des comptes, avec les justifications indiquées par les articles 40 et 41.

CHAPITRE VIII.

ART. 43.

Sont abrogées les dispositions des arrêtés ministériels en date des 3 juin 1858, 18 juillet 1888, 12 octobre 1889, 10 octobre 1893 et 18 mars 1897, en ce qu'elles pourraient avoir de contraire aux dispositions du présent règlement, qui sera mis en vigueur pour l'année scolaire 1909-1910.

Fait à Paris, le 31 janvier 1910

RUAU.

ARRÊTÉ

CONCERNANT L'ADMISSION D'ÉLÈVES EXTERNES

À L'ÉCOLE NATIONALE DES EAUX ET FORÊTS.

LE MINISTRE DE L'AGRICULTURE,

Vu le décret du 12 octobre 1889, réorganisant l'École nationale forestière de Nancy ;

Sur la proposition du Directeur des Forêts,

ARRÊTE :

ARTICLE PREMIER.

Tout élève admis par le Directeur des Forêts comme externe à l'École nationale forestière doit se présenter à Nancy, au directeur de l'École, avant le 10 octobre de l'année scolaire et faire connaître les cours qu'il désire suivre pendant cette année.

Le directeur de l'École lui remet une carte personnelle indiquant les cours pour lesquels il s'est fait inscrire et l'accréditant auprès de l'inspecteur des études et des professeurs.

ART. 2.

L'élève externe, par le fait même de son inscription, s'engage à suivre régulièrement les cours, à observer les règlements et ordres généraux relatifs à la discipline intérieure et à s'abstenir, **au dehors**, de **tout** acte pouvant nuire au bon renom de l'École.

ART. 3.

Les élèves externes sont admis, si les professeurs le jugent possible, aux exercices pratiques et aux excursions au dehors. Dans ce cas ils doivent préalablement consigner, entre les mains de l'Agent comptable, les sommes présumées nécessaires pour couvrir les frais de ces excursions.

ART. 4.

Le directeur de l'École peut temporairement interdire l'entrée de l'École à tout externe qui aura troublé l'ordre pendant les leçons ou qui aura causé du scandale au dehors. L'exclusion définitive sera prononcée par le Directeur des forêts.

ART. 5.

Les élèves externes doivent conserver toute l'année les places qui leur ont été assignées par l'inspecteur des études. Ils devront être rendus aux amphithéâtres aux heures indiquées par les tableaux de l'emploi du temps. La leçon commencée, nul ne sera plus admis.

La présence des élèves externes est constatée, par l'appel des adjudants, au commencement de chaque cours.

ART. 6.

Les élèves externes qui désirent obtenir un diplôme ou certificat de capacité sont admis à passer un examen annuel sur chacun des cours pour lesquels ils se sont fait inscrire.

Le diplôme constate que l'élève a satisfait, dans les conditions de l'article 9 ci-après, aux examens sur les quatre matières principales de l'enseignement (sciences forestières, sciences naturelles, droit, mathématiques appliquées); le certificat concerne les examens passés sur certains cours seulement.

Chaque examen est définitif et ne peut être renouvelé pour aucun motif.

ART. 7.

L'élève externe qui se déclare hors d'état de subir les examens correspondant à son année d'études peut, sur la proposition du directeur de l'École, être admis à recommencer cette année. En aucun cas, et pour quelque motif que ce soit, aucun élève ne sera autorisé à suivre pendant plus de trois années les cours de l'École.

ART. 8.

Ne seront admis à passer l'examen annuel que ceux qui auront atteint les quatre cinquièmes du nombre total des présences à l'amphithéâtre pour chacun des cours auxquels ils sont inscrits.

Les absences pour cause de maladie ne seront défalquées que si l'élève justifie d'un certificat du médecin de l'École, pour les époques correspondant à ces absences. Les absences motivées pour toute autre raison que la maladie doivent être expressément autorisées par le directeur de l'École.

ART. 9.

Le diplôme sera délivré par le Directeur des forêts. Il ne pourra être accordé qu'à l'élève qui aura obtenu, dans l'ensemble des notations, une moyenne générale de 10, sans avoir eu dans aucune matière une cote inférieure à 7.

ART. 10.

Lorsque le diplôme ou le certificat de capacité n'aura pas été obtenu, et si l'élève n'a été l'objet d'aucun reproche au point de vue de la conduite, le Directeur des forêts pourra, sur la proposition du directeur de l'École nationale forestière, lui délivrer un certificat d'assiduité, constatant la durée de sa présence à l'École et mentionnant les cours qu'il a suivis.

ART. 11.

En dehors des frais d'excursion, l'instruction donnée aux élèves externes est entièrement gratuite ; mais ils doivent se fournir à leurs frais, des livres et instruments qui leur sont nécessaires.

Fait à Paris, le 3o octobre 1893.

VIGER.

ARRÊTÉ MINISTÉRIEL

RELATIF À L'ADMISSION D'ÉLÈVES ÉTRANGERS

COMME INTERNES

À L'ÉCOLE NATIONALE DES EAUX ET FORÊTS.

LE MINISTRE DE L'AGRICULTURE,

Sur la proposition du Conseiller d'État, Directeur général des Eaux et Forêts ;

ARRÊTE :

ARTICLE PREMIER.

Des élèves étrangers peuvent être admis comme internes à l'École nationale des eaux et forêts à Nancy. Les demandes sont adressées par l'intermédiaire des agents diplomatiques accrédités auprès du Gouvernement de la République française.

ART. 2.

Tout élève étranger admis comme interne à l'École nationale des eaux et forêts doit se présenter à Nancy au directeur de l'École avant le 10 octobre de l'année scolaire.

ART. 3.

Les élèves étrangers internes, par le fait même de leur admission, sont assujettis, dans les mêmes conditions que les élèves du Gouvernement français, à l'application de tous les règlements, instructions et ordres relatifs à l'enseignement, à la police, à la tenue et à la discipline de l'École.

Ils portent l'uniforme identique à celui des élèves de l'École, sauf la modification suivante : Les cors de chasse, boutons, galons, etc.. des vêtements et de la coiffure sont en or au lieu d'être en argent. Ils suivent tous les cours et participent à tous les exercices, excursions et tournées pratiques pendant les deux années d'études.

ART. 4.

Le logement et l'enseignement à l'École sont gratuits.

Mais les élèves étrangers internes sont tenus de verser les sommes ci-après entre les mains de l'agent comptable de l'École:

1° Au moment de la première entrée à l'École une somme de 1,200 francs ;

2° Annuellement, une somme de 2,400 francs, à raison de 600 francs à chacune des échéances du 15 octobre, 31 décembre, 1er avril et 1er juillet.

Au moyen de ces versements, il est pourvu à toutes les dépenses d'enseignement, de nourriture, d'équipement, de literie, etc....., conformément aux règlements de l'École.

L'agent comptable de l'École tiendra un compte spécial pour chaque élève étranger interne ; il acquittera en leur nom les dépenses prévues par les règlements, leur remettra chaque mois sur les versements ci-dessus 50 francs pour argent de poche et menues dépenses, et leur remboursera à leur sortie de l'École les sommes qui pourraient leur revenir sur leurs versements.

ART. 5.

Les élèves étrangers internes qui auront satisfait aux examens de sortie de l'École recevront un diplôme ou certificat de capacité. Ce diplôme délivré par le Directeur général des eaux et forêts, constate que l'élève a passé avec succès à la fin de chaque année d'études des examens sur les quatre matières principales de l'enseignement (sciences forestières, sciences naturelles, droit, mathématiques appliquées). Il ne pourra être accordé que si l'élève a obtenu une moyenne générale de 10 sans avoir eu dans aucune matière une note inférieure à 7.

ART. 6.

Lorsque le diplôme n'aura pas été obtenu, et si l'élève n'a été l'objet d'aucun reproche au point de vue de la conduite, le Directeur général des eaux et forêts pourra, sur la proposition du directeur de l'École, lui attribuer un certificat d'assiduité constatant la durée de sa présence à l'École et mentionnant les cours qu'il a suivis.

Paris, le 31 janvier 1910.

RUAU.

Nota. — Les demandes d'admission ne sont prises en considération que si elles parviennent à M. le Conseil d'État, Directeur général des eaux et forêts, 78, rue de Varenne, à Paris, par l'intermédiaire du Ministre ou chargé d'affaires à Paris de la nation à laquelle le candidat appartient.

Extraits de l'Instruction du Ministre de la guerre en date du 10 mai 1909 sur l'organisation et le fonctionnement de l'enseignement militaire dans les écoles civiles visées à l'article 23 de la loi du 21 mars 1905.

———

ART. 1er. Conformément aux dispositions de l'article 23 de la loi du 21 mars 1905 sur le recrutement de l'armée, les élèves des écoles visées au deuxième alinéa de cet article reçoivent dans ces écoles une instruction militaire les préparant au grade de sous-lieutenant de réserve.

. . . .

ART. 2. L'enseignement militaire est donné dans chaque école par un officier, instructeur militaire de l'École, assisté d'un ou plusieurs officiers, instructeurs adjoints.

Ces officiers sont désignés par le Ministre de la Guerre.

Au point de vue militaire, les officiers instructeurs relèvent directement, pour l'exécution de leur service, du Ministre de la Guerre.

Ils correspondent avec le Ministre (Direction d'armes) sous le couvert du directeur de l'École.

ART. 3. Le général de division inspecteur permanent des Écoles militaires a la haute surveillance de l'enseignement militaire des écoles visées par la présente instruction. Il inspecte, après entente avec les directeurs, le personnel militaire employé à l'instruction. Il contrôle les résultats obtenus et, d'une manière générale, exerce, à l'égard de cet enseignement, les attributions qui lui ont été dévolues par le décret du 26 janvier 1907, en ce qui concerne les écoles militaires. Il correspond, s'il y a lieu, avec les officiers instructeurs, sous le couvert des directeurs d'école.

Il est autorisé à déléguer un officier supérieur pour passer, en son nom, des inspections.

. . . .

Art. 6. L'instruction militaire donnée aux élèves comprend :

Un enseignement général ;

Un enseignement militaire et technique.

. . . .

Art. 19. Les résultats obtenus dans l'enseignement militaire sont constatés à la fin de la dernière année d'études par une commission d'examen, ayant la composition suivante :

Un colonel ou officier supérieur, *président*, désigné par le Ministre ;

Le Directeur de l'École ou un fonctionnaire de l'École, délégué du Directeur, *membre* ;

L'officier instructeur de l'École, *membre* ;

Un officier, *secrétaire*, sans voix délibérative, pris parmi les instructeurs adjoints de l'École ou, à défaut, désigné par le commandant d'armes de la garnison.

. . . .

Art. 21. Il est établi des classements militaires distincts pour :

1° Les élèves ayant accompli leur première année de service ;

2° Les élèves n'ayant pas encore accompli leur première année de service.

. . . .

Art. 22. Toutes les notes données aux élèves soit dans le cours des années d'études, soit aux examens, sont exprimées par des notes numériques comprises entre 0 et 20.

. . . .

Art. 26. Seront considérés comme ayant satisfait aux épreuves de fin d'études les élèves ayant obtenu les notes minima ci-après

> Moyenne générale.................. 12
> Moyenne de connaissances pratiques.... 10
> Note d'ensemble.................. 10

. . . .

Art. 31. Les élèves ayant accompli leur première année de service, choisissent le corps auquel ils seront affectés comme sous-lieutenants de réserve d'après l'état des vacances adressé à l'École par la direction intéressée du Ministère de la Guerre et dans l'ordre de leur classement militaire.

Les dispositions de la circulaire du 10 avril 1906 (*B. O.*, p. r., p. 488) leur sont applicables. De plus, un élève ne doit pas être affecté, en principe, au corps dans lequel il a accompli sa première année de service comme homme de troupe.

Le Ministre se réserve de ne tenir aucun compte des demandes qui auraient été établies contrairement aux stipulations du paragraphe précédent.

. . . .

Art. 34. Les élèves n'ayant pas accompli leur première année de service avant d'entrer dans les écoles sont dirigés sur les corps auxquels ils sont affectés, dans les conditions prévues par l'instruction ministérielle du 25 août 1906 (*B. O.*, p. r., 1er sem. 1906, p. 269).

. . . .

Art. 37. Les anciens élèves des écoles visées par la présente instruction, nommés sous-lieutenants de réserve à l'expiration de leur première année de service, choisissent leur corps d'affectation suivant les règles posées à l'article 31 ci-dessus et dans l'ordre du classement militaire obtenu à la sortie de l'école.

Art. 38. Chacune des écoles civiles mentionnées à l'article 23 de la loi du 21 mars 1905 est rattachée à un corps de troupe désigné par le gouverneur militaire ou le général commandant le corps d'armée sur le territoire duquel l'école est située.

. . . . . Le corps désigné est chargé de pourvoir, en règle générale, à tous les besoins militaires de l'école qui lui est rattachée.

. . . .

Art. 46. Il est créé, pour chacune des écoles militaires visées par le deuxième alinéa de l'article 23 de la loi du 21 mars 1905, une masse d'instruction destinée à pourvoir aux dépenses résultant de l'exécution des programmes d'instruction militaire approuvés par le Ministre de la Guerre, ainsi que de l'achat des règlements, cartes et objets de consommation courante nécessaires pour cette instruction.

Art. 47. Chacune des masses est alimentée au moyen d'allocations annuelles comprenant :

1° Une allocation fixe, indépendante de l'effectif des élèves ;

2° Une allocation pour chaque élève suivant l'instruction militaire.

Les taux de ces allocations sont fixés comme il suit :

	ALLOCATION fixe.	ALLOCATION individuelle.
. . . .	. . . .	. . . .
École forestière.	100 francs.	3 francs.
. . . .	. . . .	. . . .

Art. 53. La présente instruction sera mise en vigueur à partir du 1er octobre 1909.

Paris, le 10 mai 1909.

G. PICQUART.

Imprimerie Nationale. — 1301-85-1909.